Estar Contigo

Realidad Sin Pensamiento

Estar Contigo
Realidad Sin Pensamiento

Shri Ramakant Maharaj

Editado por Ann Shaw

© 2016 Ann Shaw
La Primera Edición: 2016

ISBN: 978-0992875664
Publicado por

www.selfess-selfpress.co.uk
www.ramakantmaharaj.net

Todos los derechos reservados. Ninguna parte de esta publicación puede ser reproducida en cualquier forma sin autorización previa de Selfless Self Press.

Prefacio

Estar Contigo – Realidad Sin Pensamiento contiene las enseñanzas directas y espontáneas del Maestro Auto-realizado, Shri Ramakant Maharaj. Estas preciosas citas sagradas nunca antes habían sido expresadas tan claramente. Son frescas, penetrantes y provocativas, ofreciendo el camino más corto hacia la Auto-Realización.

Este libro de bolsillo que reitera una y otra vez de manera directa las enseñanzas, está diseñado para despertar a quienes buscan salir del sueño ilusorio del mundo. Página tras página, gotas de néctar comienzan a disolver los conceptos ilusorios, recordándonos sobre nuestra identidad olvidada e imprimiendo la verdadera a través de la enseñanza directa.

Este libro no debe ser leído como otros libros de conocimiento basados en el cuerpo, que han sido escritos únicamente con la mente y el intelecto. El Maestro no comparte pensamientos o ideas. Este conocimiento está "más allá de las palabras y los mundos": Viene del fondo insondable de la Realidad. Lo que aquí se presenta, empleando las palabras como un medio necesario para comunicar su significado, es la Realidad Sin Pensamiento – La Esencia, hablando a Tu Esencia o tu naturaleza esencial. Es El Conocimiento del Ser sin ser - antes de, y más allá de la forma corporal.

El Maestro te recuerda incansablemente tu Identidad Verdadera. "Eres la Verdad definitiva y la Realidad Fundamental. No hay nada excepto tu Ser sin ser".

Las palabras del Maestro o Gurú no son debatibles porque está compartiendo la Verdad, tu Verdad y tu Realidad. Todo lo que se necesita es tu aceptación. A partir de allí, simplemente apártate y presencia la milagrosa transformación que tendrá lugar.

El Maestro nos advierte: "Conócete a ti mismo de manera real antes que sea demasiado tarde, de otra manera, temblarás de miedo en tu lecho de muerte". *Estar Contigo* es un llamado de atención para que despertemos de este largo sueño llamado vida. Está lleno de un sentido de urgencia y poder inmenso que penetra de manera efectiva las capas de la ilusión.

"Permite que esta verdad ataque tu Ego, de tal manera que puedas reclamar lo que es legítimamente tuyo – La Verdad que has perdido. Tu vida se apaga un poco más a cada instante así que no tomes este conocimiento a la ligera. "¡Mírate! ¡Permanece Contigo!", nos urge el Maestro.

Concéntrate en este conocimiento, permitiéndole que toque, tranquilamente, el fondo de tu corazón. Luego, lenta, silenciosa y permanentemente, la Realidad Definitiva emergerá sin ninguna duda.

Ann Shaw, *editor*   *01 Mayo* **2016**

Shri Ramakant Maharaj es el raro, Maestro vivo Auto-realizado. Estuvo con su Maestro Shri Nisargadatta Maharaj (abajo) desde 1962 hasta 1981.

EL PROPÓSITO DE LA
ESPIRITUALIDAD
ES CONOCERTE
A TI MISMO
EN UN SENTIDO REAL,
BORRAR LA ILUSIÓN
Y
DISOLVER
EL CONOCIMIENTO
BASADO EN EL CUERPO.

**Tu
Presencia Espontánea
Es
Silenciosa,
Invisible,
Anónima,
Identidad
No Identificada.**

Ya

Estás Realizado,

Sólo Que

No Lo Sabes.

Leíste Todos

Los Libros,

Pero

¿Has Leído Al Lector?

No te Tomes mis Palabras Literalmente.

Lo que Trato de Transmitirte es lo Verdaderamente Importante.

El Significado Hay tras las Palabras.

**Todo lo que conoces
No es
La Verdad.**

**Aquello que no
entiendes,
Lo que está más allá
del Conocimiento
ES LA VERDAD.**

**Así Que Simplemente
Quédate en Silencio.**

**La Investigación del Ser
Conduce al
Conocimiento del Ser**

y

**El Conocimiento del Ser
Conduce a la
Auto-Realización.**

**Has Olvidado Tu Identidad.
El Maestro te la Recuerda.**

**No Eres el Cuerpo.
No Eras el Cuerpo,
y
No Vas a Seguir Siendo el Cuerpo.**

Es un Hecho Evidente.

La Mente,
Sólo es Flujo de
Pensamientos.
No Tiene
Realidad Propia.

El Cuerpo Es Solamente
El Cuerpo hecho de
Alimentos.

PERO
Tú Eres Omnipresente.
Eres
La Realidad Última.

**Tus archivos están
corruptos.
Necesitas instalar el
Programa Antivirus de La
Meditación para borrar
el programa de la ilusión.**

**La Meditación es la
única manera de
reiniciar
tu disco duro.
La Llave Maestra,
el Mantra Naam,
te Abrirá la
Puerta a la Realidad.**

**Te Conoces a Ti Mismo
en la Forma Corporal.**

**ESA NO ES TU
IDENTIDAD.**

**Estás Sufriendo de
Ilusión Crónica.**

**El Mantra Naam
Te Curará.**

**Tienes Que Salir
de
Este Mundo Ilusorio.**

**Te han Dicho Que Eres
Un Hombre o Una Mujer.
Tú simplemente has
aceptado esta Ilusión.
El Maestro Dice
"ERES DIOS
TODOPODEROSO".
pero
No Aceptas
Tu Realidad.**

La Realidad No Tiene
Nada Que Ver
Con Las Palabras.

ERES NO-NACIDO.

Nada Ha Pasado,
Nada Está Pasando,
Nada Va A Pasar.

**El Leer Libros
No Es Suficiente.**

**El Estudiar No Es
Suficiente.**

**¿Sabes Quién Está
Leyendo?**

**¿Quién Está
Estudiando?**

¡DESCÚBRELO!

Cuando el Espíritu Hizo "Clic" con el Cuerpo, COMENZÓ TODO EL CONOCIMIENTO BASADO EN EL CUERPO: Impresiones, Condicionamientos, Presiones, Conceptos, los Cuales Has Aceptado.

ESTO TE MANTIENE ATRAPADO EN EL MUNDO ILUSORIO.

¡SÉ CLARO!

No existe el "Yo soy",
No existe el "Tú eres".
Son
SÓLO
P.A.L.A.B.R.A.S.

Estás Más Allá
De Las Palabras,
Más Allá
De Los Mundos.
DEBES ABANDONAR
ESTE
MUNDO DE ILUSIÓN.

**Tu Presencia
No Necesita Nada.**

**Por lo Tanto
¿QUIÉN QUIERE PAZ?**

**¿QUIÉN QUIERE
FELICIDAD?**

Esto es un Sueño

**Que Ha Surgido
de
Las Relaciones
del Cuerpo,**

**El Cual No Eres,
El Cual No Eras,
Y
El Cual Nunca
Vas a Ser.**

**El Mantra
es una Herramienta Útil
Que MARTILLEA el Ego
y
DISUELVE TODAS
tus
Conceptos Ilusorios.**

**Sólo Así,
Tendrás
una Base Sólida.**

**El Cuerpo está
Compuesto por los
Cinco Elementos.**

**Resides en Alquiler,
y Pides Prestada Comida
y Agua.
Tienes Permiso
para habitarlo por
Unos años.**

**Sin embargo, En Cuanto
Dejes de Proporcionarle
Comida y Agua, serás
Desalojado de Tu Casa.**

OLVIDA LA ESPIRITUALIDAD POR UN MOMENTO. ¿No Ves Que NO ERES EL CUERPO, NO ERAS EL CUERPO Y NO SEGUIRÁS SIENDO EL CUERPO?

ES UN HECHO EVIDENTE.

¡Investiga El Ser!

¡Descubre lo que no eres!

**Elimina Todas
Las Capas Ilusorias
Sobre Tu Presencia.**

**NUNCA HAS ESTADO
EN
ESCLAVITUD.**

**ERES LIBRE COMO UN
PÁJARO.**

**LA MUERTE ES
UNA ILUSIÓN.**

**EL NACIMIENTO ES
UNA ILUSIÓN.**

**DEBES ESTAR
PLENAMENTE
CONVENCIDO DE ESTO.**

**Tienes Una Poder y
Fuerza Tremendos
Pero
No Eres Consciente
De Tu Poder,**

**PORQUE
HAS ACEPTADO
LA FORMA
CORPORAL.**

**Antes de ser
NO SABIAS NADA,**

**NI SIQUIERA LA
PALABRA
'CONOCIMIENTO'.**

**Todo Se Origina
en Nada
y
Se Disuelve
Para Volver
a Nada.**

**Has Sido Lanzado
Al Océano
De
Este Mundo
Ilusorio.**

**Ahora Debes Nadar
Para Salir
de Este
Océano Ilusorio.**

**ESTÁS LIMITANDO
TU REALIDAD
DÁNDOLE NOMBRE.**

**LA REALIDAD
NO
ES
DEBATIBLE.**

**Tu Disco Duro
está
Lleno.**

**Sé Lo que eras
Antes de Todos
Los añadidazos.**

**EL CONOCIMIENTO DEL
SER SIGNIFICA
ABSORBER
EL CONOCIMIENTO QUE
"NO SOY EL CUERPO".**

**EL COMO ERAS
ANTES
DE SER

ES LA
AUTO-
REALIZACIÓN.**

**NO
ERES
EL CUERPO,**

**ERES
EL
SUSTENTO
DEL CUERPO.**

El Mundo es Proyectado
a Partir de tu Presencia
Espontánea.

**DESPIERTA
DE ESTE SUEÑO ANTES
QUE SEA
DEMASIADO TARDE.**
Esta es una
OPORTUNIDAD DE ORO
Para Conocerte
a Ti Mismo y
**PONERLE FIN AL
SUFRIMIENTO.**

**No Te
Estoy Hablando A Ti.**

**Estoy Invitando a La
Atención del
Oyente Silencioso e
Invisible
Dentro de ti**

**QUE ES
LA VERDAD ÚLTIMA.**

**Tienes
un Poder Tremendo.
DIOS ES TU BEBÉ.
DIOS ES UN CONCEPTO.**

**EN PRIMER LUGAR,
DEBE HABER
PRESENCIA**

**Para que puedas decir
"Dios" o "Dios Existe".**

**Sin Tu Presencia
No Puedes Emitir
Ni Una Sola Palabra.**

**Tu Presencia
Está en Todas Partes.**

**ESTÁS MÁS ALLÁ
DEL CIELO.**

**NO EXISTE LA
INDIVIDUALIDAD.**

**Todo Sale de Nada
y
Se Disuelve
en Nada.
Y en La Nada
Parece Que
Fuera Algo.**

**Cuando No Conoces
Nada Mejor,
Aceptas La Nada
Como Si Fuera Algo.**

TÚ ERES EL MAESTRO,

SIN EMBARGO

Actúas Como

**UN ESCLAVO DE
LA MENTE,
EL EGO
Y
EL INTELECTO.**

¿POR QUÉ SEGUIR

VIAJANDO

CUANDO

TÚ ERES

EL DESTINO?

**ERES ANTERIOR
AL MUNDO,**

**ANTERIOR
AL UNIVERSO,**

**ERES
ANTERIOR
A TODO.**

**Permanece
Como Eras
Antes de ser.**

**Eras Totalmente
Desconocido
Para Ti.**

**La Presencia Desconoce
Su Propia Existencia.**

**La Presencia No Tiene
Conocimiento.**

No Tiene Experiencia

Ni Experimentador,

Ni Testigo,

Ni Conciencia.

**Estás Preocupado
Por La muerte
Porque
Crees Que
Eres Alguien.**

ERES NO-NACIDO.

QUÉDATE CONTIGO.

**Simplemente
Permanece
Con El Ser.**

**YA ERES
LA VERDAD FINAL
SIN
IMAGINACIONES
NI CONCEPTOS.**

**EL CONOCIMIENTO
BASADO EN EL CUERPO**

**SE HA DE
DISOLVER.**

Este es
**EL PRINCIPIO
DETRÁS DE LA
ESPIRITUALIDAD.**

**ROMPE
EL CÍRCULO VICIOSO,
DEL FANTASMA DEL
MIEDO,**

Y ACEPTA QUE

**"No Estoy Muriendo
Y
Tampoco
He Nacido".**

**El Que Pregunta
ES
La Respuesta.**

**El Invisible
Preguntador Dentro
de Ti,**

Es La Respuesta.

QUÉDATE CONTIGO

Y

**ESCUCHA
DESDE
LO ABSOLUTO.**

LEE TU LIBRO.

**¡TU PROPIA EDICIÓN
ES
LA DEFINITVA!**

**El Cuerpo Puede
Sufrir,
Pero
TÚ NO.**

**Estoy Llamando La
Atención De 'ESO':**

**COMO ERAS ANTES
DEL
CONOCIMIENTO
BASADO EN EL
CUERPO.**

MIRA HACIA EL INTERIOR.

**Lee
Tu Libro.**

**Visita
Tu Templo.**

**Busca en
Tu Sitio Web.**

**La Realidad
NO es entender.**

Cuando Entiendes Algo,

**Está Separado
De Ti.**

**TÚ ERES
LA REALIDAD.**

El Cuerpo es

**EL MEDIO
A TRAVÉS DEL CUAL**

Puedes Conocerte
a ti mismo.

Sin el cuerpo
**NO PUEDE HABER
DESPERTAR.**

**Estamos Pensando
En la Proyección
en Lugar
Del que Proyector.**

**Quédate con
LA CAUSA PRINCIPAL,**

LA FUENTE
**Desde La Cual
La Proyección
Se Proyecta.**

El Maestro que
TE MUESTRA
la Realidad Última
Dentro de Ti,
Y Que **NO HABLA
SIMPLEMENTE DE ELLA**
Es un Verdadero
Maestro.

MÍRATE A TI MISMO,
sin
**LA FORMA CORPORAL,
Y
DESCUBRE COMO ERES.**

El Maestro Te Martillea.

Al mismo tiempo el MANTRA NAAM Te MARTILLEA.

Lentamente, en Silencio, y de Manera Permanente, Todos los Conceptos Ilusorios Serán Borrados.

El Maestro No
Te está Dando
Nada Que
NO TE PERTENEZCA.

Retira
LA CENIZA
DE IGNORANCIA,
Nada Más.

El Sol Ya está
Brillando.

La Meditación es Sólo un Proceso.

**El Meditador
Invisible
es
Tu Identidad
Definitiva.**

**Tu Casa
está Abarrotada**

**Por LA MENTE,
EL EGO
Y EL INTELECTO.**

**DEBES EXPULSAR
A
Esos Inquilinos.**

**Esta no es tu casa,
es una jaula.
estás en la Jaula
y estás Mordisqueando
una Zanahoria.
No importa que sea una
Jaula de Oro, de Plata,
Bronce,
o de Hierro,
Lo Que Sea Que Vaya
a Tu Mundo.
La Ricos habitan una
Jaula de Oro,
Los Pobres
Una de Hierro.... Sin
Embargo sigue siendo
una Jaula.**

**Tu Presencia
NO ES
Presencia Física,
NI
Presencia a
Nivel Mental.**

**La Presencia
ES
Espontánea.**

**NO Tiene Forma
Ni Figura.**

**NO SEAS
UN ESCLAVO**

de tu
**MENTE,
EGO**
e
INTELECTO.

**VE
CONTRA
LA CORRIENTE.**

**SÉ UN MAESTRO
DE LA REALIDAD,
No Simplemente un
Maestro de Filosofía
O Espiritualidad.
UN Profesor ENSEÑA
SOBRE LA VERDAD
SÓLO HABLANDO
de La Verdad,
Mientras que el Maestro
LA VIVE.**

**Todo el Poder,
Todo La Energía,
TODO EL ESPÍRITU
ESTÁN EN TI.**

**Todo Comienza
y Termina Contigo.**

**El Mundo Entero es
Proyectado Por Tu
Presencia Espontánea.**

**En el Momento
En Que tu Cuerpo
Se Disuelve,
El Mundo Entero
Desaparece.**

¿Quién está
Muriendo?

¿Quién vive?

Simplemente
Investígalo.

NADIE
está muriendo.

NADIE
está naciendo.

**Tu Casa
NO ES
América, India o
Inglaterra.**

TU CASA ES EL MUNDO.

**TU Presencia es Como
El CIELO,**

**MÁS ALLÁ DE
CUALQUIER LÍMITE.**

Estás En Todas Partes.

ESTE NO ES
un Acercamiento

Intelectual,

Lógico

O egoísta.

**TODAS ESTAS COSAS
SURGIERON
DESPUÉS DE TU
PRESENCIA.**

**Debido a este
Cuerpo hecho de
Alimentos,**

**Como
Consecuencia del
CONOCIMIENTO DEL
CUERPO HECHO DE
ALIMENTOS,**

**HAS OLVIDADO TU
IDENTIDAD.**

Amor

Y

Afecto

Son

**SÓLO PALABRAS
LITERALES**

**Basadas
En el Cuerpo.**

**Cuando Hiciste
Clic Con el Cuerpo,
Creaste
un Enorme Campo
Ilusorio:**

**Existencia,
No Existencia,
Conocimiento,
Desconocimiento
Conciencia.**

**¡ Sé VALIENTE!
¡ Sal de ese Campo!**

**Antes de ser
Había Presencia.**

**LA PRESENCIA
NO TIENE NOMBRE.**

**Olvida Todas
las Palabras.**

**Las Palabras Pulidas
Que hemos Creado.**

**La Práctica
de la Meditación
También es una ilusión
SIN EMBARGO
Debemos Usar una
Espina Para Sacar
Otra Espina.**

**Más adelante, esta
Practica será
Innecesaria.**

**TIENES MIEDO
DE LA MUERTE**

PORQUE

**CREES
QUE ERES ALGUIEN.**

Eres
NO-NACIDO.

**No existe el TU
ni
NINGUNA
"ACCIÓN
POR REALIZAR"
NI
NADA QUE
"OBTENER".**

¡Escúchame!

**El Mundo Entero
Todos Los Libros,
Todos Los Maestros,
Todo el Conocimiento
Espiritual**

SON UNA PROYECCIÓN

**De Tu Presencia
Espontánea.**

**Estás
Concentrando
En el**

"Yo Soy"

y Estás

**IGNORANDO
el
CONCENTRADOR.**

SÓLO EXISTE UNA FUENTE.
TÚ ERES LA FUENTE.
Sólo existe el
SER SIN SER.
Como mi Maestro ha Declarado:
"No hay NADA Excepto el SER SIN SER,
Ni Dios, Ni Brahman,
Ni Atman,
Ni Paramatman,
Ni Discípulo,
Ni Maestro".

**Nisargadatta Maharaj
Tuvo un Poder
Excepcional.
Estoy Compartiendo Ese
Mismo Conocimiento
Con Todos.**

Este es
el momento
adecuado.

La Figura de Dios es Tu Reflejo.

Todo Lo Que

Ves

Después

**de Tu Presencia
es**

UNA ILUSIÓN.

**La Realidad
está
Grabada

en el

Oyente Invisible

Que No
Puede
Eliminarse.**

**Estás Dando Importancia
A lo Observado,
y
NO A
"EL QUE VE".**

**Todos los dioses
y diosas**

ESTÁN DENTRO DE TI.

**Todo el Mundo es Tu
Proyección Espontánea.**

**Conocerte a Ti Mismo
en el Sentido Real,
es Conocimiento.**

**Te Estás Ahogando en
La Ignorancia.**

**Ahogándote en
un Mar de Palabras.**

**ESTÁS CUBIERTO
DE CENIZAS.**

Bajo Ellas
**ESTÁ ARDIENDO
EL FUEGO.**

**EL MAESTRO
RETIRA ESAS CENIZAS.**

**Es Posible que Lo Sepas
todo
Acerca del Mundo,**

**PERO NO TE
CONOCES A TI MISMO.**

**ENTRA
En Tu Propio
Campo de Realidad.**

Las Experiencias Que Han Aparecido Sobre Tu Presencia Espontánea.

Se Disolverán.

El PROCESO de DISOLUCIÓN ESTÁ MARCHANDO HACIA LA UNIDAD.

**NO HAY NADA APARTE
DE TU SER SIN SER.**

**No hay ningún otro lugar
a donde ir.
¡SÉ FUERTE!**

**¡DETENTE
Con Tu
MAESTRO INTERIOR!**

**¡DETENTE
Con Tu
GURÚ INTERIOR!**

OLVÍDATE DEL PASADO.

**El Pasado No Existe,
El Pasado, El Presente
Y El Futuro
SON
Conceptos.**

**Deja de considerarte
Como la forma
Corporal Físico,**

**Pues ello es
LA GRAN ILUSIÓN.**

**Cuando Despiertas
De un Sueño,
El Mundo Onírico
Simplemente
Desaparece.**

**De la misma Forma
Este Mundo es
Simplemente un Sueño,**

**UN LARGO SUEÑO
Que
También
Desaparecerá.**

**La Presencia no Duerme,
Ni Sueña.**

**El Estar Despierto o
Dormido Son
Experiencias
Únicamente
Corporales.**

**No Existe el Día,
Ni la Noche,
Ni los Sueños.**

¿Duerme el cielo?

**El Maestro Te
Convence
de Tu Realidad.**

**POR ELLO DEBES
Convencerte a ti mismo.**

**El convencimiento
conduce a la
CONVICCIÓN:**

**ERES
La Verdad Última
Y Final.**

**El CONOCIMIENTO
SIGNIFICA
CONOCIMIENTO
DEL SER,**

Y

**LA DEVOCIÓN SIGNIFICA
LA PERFECCIÓN
DE ESTE
CONOCIMIENTO.**

**En la Etapa Inicial,
Eres Un Devoto.
En la Última Etapa
Eres Deidad.
DEVOTO Y DEIDAD.
DEVOTO Y DEIDAD.**

**No Hay Separación.
DEVOTO Y DEIDAD. No
Hay Ninguna Separación
entre ellos.
La Deidad Conoce
A TRAVÉS Del Devoto.
La Deidad Reside
DENTRO Del Devoto.**

**El Mantra Naam es una
Poderosa Herramienta
Que Disuelve el
Conocimiento basado en
el Cuerpo, Reduciendo la
Fuerza de la Mente, el
Ego, y el Intelecto.**

**Te Recuerda tu Nombre
Verdadero –
LA REALIDAD,
Regenerando
Constantemente
Tu Poder.**

**Sólo un
MAESTRO ILUMINADO
Que
CONOCE TODOS
Las Detalles**

**Puede Guiarte
A
La Realidad Última.**

Incluso Después de Leer
Libros Espirituales,
No Encontrarás
La Realidad.
Por lo tanto,
sea lo que sea que
encuentres,
¡RECUERDA!
Que el BUSCADOR
EN SI MISMO,
es La Verdad Última.
El Buscador es
LA VERDAD
Que estás Buscando
Afanosamente.

**El Orador Invisible
en Mí y
el Oyente Invisible
en Ti
SON UNO.**

**Este es el
Conocimiento
Directo Que Parte
Desde el
Orador Invisible
Hacia el
Oyente Invisible.**

**Todo lo que
VES
es una ilusión.**

"ESO"

**A TRAVÉS
De lo que**

Ves

ES

LA REALIDAD.

EL EGO EN SÍ MISMO ES UNA ILUSIÓN,

Porque No Hay
'YO'
O TÚ,
O ÉL,
O ELLA.

NO HAY NADA ALLÍ.

LA PANTALLA ESTÁ COMPLETAMENTE EN BLANCO.

**Eres
el
DESTINO FINAL.**

No hay

NADA

Más Allá.

**Deja de
Buscar
La Felicidad
o La Realidad**

**Dentro de un
SUEÑO**

y

DESPERTARÁS.

No Te Abandones

**HASTA EL FINAL
DE TU VIDA.**

**Tu
Maestro Interior
es
Tu Mejor Amigo.**

**El Mundo Entero
es tu**

SOMBRA ESPONTÁNEA.

**Has Abrazado la Sombra
Como si fuera la
Realidad.
y
Por lo Tanto
EXISTE EL MIEDO.**

CUANDO

TODA

LA BÚSQUEDA

TERMINA,

AHÍ ESTÁS TÚ.

**Debes Tener
Plena Confianza en Ti
Y en el Maestro.
¿Por que?
Porque
ASI NO DARÁS
NI UN PASO
Hacia lo Desconocido
en Aguas Inexploradas
SIN
CONFIAR
EN EL MAESTRO.**

**Lo Desconocido
Se Creó
y
Llegó a Ser Conocido
a Través del Cuerpo.**

**Lo Desconocido se hizo
Conocido entonces.
Lo Conocido Será
ABSORBIDO
en lo Desconocido.**

Te recuerdo Tu Esencia
Magistral.

ERES UN MAESTRO.

No Necesitas Buscar
Bendiciones de Otros.

Pon tu mano sobre Tu
Cabeza y
Bendícete a Ti Mismo.
Póstrate Ante Tu
Ser sin ser.

Todo está dentro de Ti.

**Los Buscadores
Leen Libros y
A partir de Su Lectura
Forman un Cuadrado.**

**Luego Esperan
Obtener Respuestas
Desde Dentro del
Cuadrado.**

**EL MAESTRO NO ESTÁ
EN EL CUADRADO.**

Está Fuera del Cuadrado.

**Como Eras Antes del ser,
y Como Serás
Después de que el ser
Desaparezca
es
La Verdad Última.**

**Eres Completamente
Inconsciente de
Tu Existencia.**

**COMPLETAMENTE
INCONSCIENTE DE TU
EXISTENCIA.**

**Creamos las Palabras
Y Les Dimos Significado.**

**Decimos que 'Dios' es
una Deidad y
'burro' un Animal.**

**Si decimos que el burro
significa Deidad,
¿Qué Ocurre? ¡Nada!
Simplemente que las
Palabras Han Cambiado,
Y NO SU ESENCIA
o su Sustancia.**

**La Unidad
No tiene Madre,
Ni Padre,
Ni Hermano,
Ni Hermana.
Todas Estas son
RELACIONES
DEL CUERPO.**

**¿DONDE ESTABA
TU FAMILIA
ANTES DE SER?**

¡Utiliza Tu Discernimiento!

Esto NO ES UNA IDEA, SINO LA VERDAD.

TU NUNCA NACISTE.

¿Por lo tanto COMO PUEDES MORIR?

**Si Escuchas a la Fuente
de Tu Conocimiento
Con Absoluta Confianza,**

**Se Producirá un
SURGIMIENTO
ESPONTÁNEO**

**Del Poder
Que Habita En Ti.**

**El Maestro Te Da
Las Gafas Para Que Las
Uses.**

Las Gafas de Dios.

**UNOS OJOS
PARA
VER
A TRAVÉS
Del
Mundo Ilusorio.**

Que no hay

NADA,

SE SABE

SIN

La Ayuda de La Mente.

Las Experiencias

**Son Proyectadas
Desde
Tu Presencia.**

**Cuando el
Experimentador y
Las Experiencias**

Se Disuelven,

AHÍ ESTÁS.

Necesitas VALOR

Para Decirle

"ADIOS"

a este Mundo Ilusorio.

El BUSCADOR

QUIEN ESTÁ BUSCANDO

ES

LA VERDAD ÚLTIMA.

**Has Leído este Libro,
y aquel libro.
¡Tantos libros!**

¿Cual es tu Conclusión?

**¿Para quién
Es
Toda esa lectura?**

¡MÍRATE!
¡MÍRATE!

**La Realidad
Ya está
Dentro de Ti,**

**Pero
NO ESTÁS
Mirando.**

**La Paz
Ya Está Allí**

**Eres
'TU' quien
la está
Perturbando
La Paz.**

**Cuando Todos los
Procesos del
Pensamiento
Han Cesado,**

AHÍ ESTÁS,

**EN EL ESTADO
SIN
PENSAMIENTOS.**

**Tu Presencia
Estaba Allí
ANTES de ser.**

**Estará Allí
DESPUES
de ser.**

**Está Allí
AHORA
Como el sustento
del Cuerpo.**

**El Gurú
No es
Una Persona.**

**Es el
Absoluto
Impersonal,
No-Manifestado**

en

Forma Manifiesta.

**Estás Tratando de
Conocer
La Verdad Última
Desde el Interior de
la Forma Corporal.**

**Estás Usando los Libros
y la Lenguaje Para
Encontrar Tu Realidad.**

**Te Tomas las Palabras
Como Ciertas,
Como si fueran
La Verdad.**

NO LO SON.

**Asegúrate que
el Conocimiento que
Tienes es
REAL y PRÁCTICO.**

**De lo Contrario,
Estarás Inquieto
Y
Temblando
DE MIEDO
en tu Lecho de Muerte.**

Estás Intentando Comprender

**ESTE CONOCIMIENTO
Con la Mente.**

**Tu Conocimiento
es
ANTERIOR
A LA MENTE.**

**La Meditación
es la
Repetición Constante
de
Tu Realidad**

HASTA QUE

**FINALMENTE
SE ASIENTA EN TI.**

**NO Pienses
En el Pasado**

**Porque
TU
Presencia Espontánea
Es
Tu OBJETIVO.**

**De Hecho,
No Hay
BÚSQUEDA.**

ERES TÚ
Quien falta.

**PERO AHORA
¡LA VERDAD PERDIDA
TE HA ENCONTRADO!**

**¿Desde Cuándo
Empezaste
a Necesitar Valor
y Paz?**

**Solamente cuando la
Presencia   Comenzó
a Existir
en la Forma Corporal.**

**Algo debe estar allí
En Primer Lugar
Para que Tengas
un
Pasado
Presente
y Futuro.**

**¡No hay
NADA ALLÍ!**

**No Tienes Forma.
Abraza tu Poder.**

**"¿QUIÉN SOY?"
NO EXISTE**
en el Círculo
de Imaginación
o de las Conjeturas.

**Tu Presencia es
Espontánea.**

**Tienes que
Presentarte
Con Convicción
y
Sentimiento Profundo
Que Dice:**

**" Sí, soy
Todopoderoso".**

**Convivimos Con
Los Conceptos Desde el
COMIENZO del ser
Hasta
El FIN del ser.**

**Sin embargo
No hay
PRINCIPIO para
El Ser sin ser.**

**NO HAY FINAL para
El Ser sin ser.**

SÉ LEAL
contigo mismo.

RESPETA a tu
Ser sin ser.

DETÉN LA BÚSQUEDA
y
CONCENTRATE EN EL BUSCADOR.
El es la
Verdad Definitiva.

**Sin Tu Presencia
No Puedes Emitir
Ni Una Sola Palabra.**

**Ya eras
Antes De Todo.**

**El Conocimiento
Vino Después.**

**No te Estás
Concentrando
En el Pensador
A Través Del Cual
Estás Pensando.**

**Sólo te Estás
Concentrando
en el Pensamiento.**

**En Ausencia
Del Pensador
No puedes Pensar.**

**Tu Presencia
Invisible,
Anónima,
Y no Identificada
Está
En Todas Partes
Como el Cielo.**

**Eres Más Sutil Que
El Cielo
Porque
EL CIELO
ESTÁ
DENTRO DE TI.**

**Tienes Una Amistad
Inconveniente,
Una Amistad
Equivocada.**

**Has Extraviado tu
Verdadera Amistad y te
Hiciste
Amigo del Cuerpo.**

**Debes ser
Tu Propio Amigo.**

**Tu Maestro Interior
Es Tu Mejor Amigo.**

LA VERDAD ÚLTIMA
No está siendo grabada en Ti

Porque

Los Conceptos Ilusorios
Han llenado por completo tu Interior.

**Cualquiera
puede decir
"Todo es ilusión",**

pero

**Aceptarlo como un
hecho,
es
algo muy diferente.**

Eres el Arquitecto de Tu Vida.

Deja de correr de AQUÍ para Allá

**PORQUE
NO CONOCES
A Quien Está
CORRIENDO.**

EL PENSAMIENTO SIN PENSAR APARECERÁ EN TI.

EL PENSAMIENTO ESTÁ CONECTADO CON EL CUERPO.

EL PENSAMIENTO SIN PENSAR ESTÁ CONECTADO CON LA VERDAD ÚLTIMA.

NO Te Vendas Tan Barato

Como para Que El Mundo

Te Meta

En el Bolsillo.

**La Felicidad está
Dentro de ti.**

**El Poder está
dentro de ti.**

**NO HAY PODER
FUERA DE TI.**

**No hay Nada
Excepto
El Ser sin ser.**

Es una **GRAN VERGÜENZA,**

una verdadera **CALAMIDAD,**

Aceptar lo que no eres.

Y

Seguir

LAMENTÁNDOTE EN EL SUEÑO.

Tienes que Rendirte.

**Rendirte
Internamente.**

**¡Póstrate
Ante Tu
Ser sin ser!**

ERES GRANDE.

**Estás visitando
Incontables Maestros.**

**Cuanto tiempo vas
a continuar
visitándoles,
cuando
Tú
el Visitante,
eres
La Verdad Última.**

VISITA AL VISITANTE.

Visita tu propio sitio.

**Toda esta búsqueda
Preguntándote:**

"¿Dónde estoy?"

**Cuando todo
el tiempo**

ESTÁS AQUI.

**Acepta que la Realidad
ESTÁ dentro de ti.**

**Que la
ESENCIA MAGISTRAL
ESTÁ
DENTRO DE TI.**

**Entonces
AL FINAL PODRÁS
DEJAR DE
VAGAR.**

**Cada vez que utilizas
las palabras**

Eres algo distinto

**de lo que
Realmente Eres.**

"ÉL QUE VE"
no sabe
que lo que **PROYECTA**
es
**SU PROPIA
PROYECCIÓN.**

Lo que **VE**
es
**INVISIBLE,
ANÓNIMO,
IDENTIDAD
NO IDENTIFICADA.**

**Tu Presencia es
necesaria,
Para decir "Dios".**

**Sin tu Presencia,
no hay "Dios".**

"Dios" es Tu Bebé.

**El Maestro
Es el
Dios de Dios.**

**Eres Todopoderoso.
Eres Completa,
Y
Totalmente
Independiente.**

**TÚ ERES
EL PADRE
DEL MUNDO.**

**Cuando Ocupaste
el cuerpo,
¿Trajiste a alguna mujer
o a algún amigo
contigo?**

Olvídate del sueño.

**Tu Gran Familia
es un Sueño.**

¿ Tu marido, tu mujer ?

**Todo es un
sueño.**

**Mi Presencia está
EN CADA SER.**

**Por lo tanto
¿A Quién
puedo odiar?**

**¿Contra Quién
puedo luchar?**

**A Esto se le llama
La Realización
Espontánea.**

**Cuando el Conocedor
y
El Conocimiento
Desaparecen**

AHÍ ESTÁS.

¡Sin Forma Alguna!

**El Silencio
Espontáneo
Emerge.**

**Así Como
UNA PAZ
ESPONTÁNEA**

**Cuando todo
se funde con**

**LA UNIDAD
y es
ABSORBIDO.**

**El SECRETO SE
TE REVELARÁ**

**Cuando
IDENTIFIQUES**

**La Identidad
No Identificada
Antes de ser.**

¡DESPIERTA!

**Tienes una oportunidad
de oro.**

**Debes tener esta firme
determinación:**

**" Sí
¡Quiero Saber
Quién Soy!**

**Quiero Conocer
La Realidad".**

Este es un Sueño muy Largo, una Larga Película.

Eres el PRODUCTOR,

el DIRECTOR

y

la ESTRELLA.

**Conócete y quédate
En Silencio.**

**Conoce la realidad y
Quédate en Silencio.**

**QUÉDATE
DENTRO DEL
SER SIN SER.**

YA ESTÁS ALLÍ

Eres el Final.

Teniendo la luz
en tu mano,

Estabas Persiguiendo

La Oscuridad.

**Tu Presencia Ya
Estaba Allí
Antes que Todo.**

**El Mundo Entero
Incluyendo
Todas las Deidades,
los Maestros,
y Guías
es la Proyección
Espontánea
De Tu
Ser sin ser.**

EL MAESTRO HA PUESTO AL BUSCADOR ANTE TI.

Estás viendo al Buscador.

Sólo Siéntate, Concéntrate en este Conocimiento.

ESTA ES LA PUNTA, EL FILO. DEJA QUE TOQUE EL FONDO DE TU CORAZÓN.

Lenta,
Muy Lentamente,

La identidad del cuerpo
se Disuelve y Regresa
hacia
La Verdad Última,

Donde No Existe
La Experiencia
Ni El Experimentador.

**ACEPTA LA VERDAD
QUE ERES
LO ABSOLUTO,**

**SIN DECIR
UNA SOLA
PALABRA.**

**Eres todo
Y
Todo
está dentro de Ti.**

**No existe nada más
Aparte del**

SER SIN SER.

**No hay adonde ir
más allá
del
Conocimiento
Directo
de
La Realidad
Definitiva.**

**Te he presentado
con el
PLATO DE ORO
DE LA REALIDAD.**

**No tienes necesidad
de mendigar
nunca más.**

**ERES EL
DESTINO
FINAL.**

TE INSULTAS

A TI MISMO

AL IGNORAR

A TU

SER SIN SER.

DONDE TODOS LOS CAMINOS TERMINAN,

AHÍ ESTÁS TÚ.

Ahora puedes tirar
el mapa.

¡Olvídalo!

Has llegado a
la estación final,

LA ÚLTIMA ESTACIÓN.

**Estoy tratando
de sacarte
del círculo
vicioso de la ilusión.**

Pero, una vez más,

**Quieres volver
a la zanja.**

¡PARA!

¡Déjate de Tonterías!

**El Samadhi es una
Ilusión porque
lo ESTÁS
Experimentando
Así como el silencio,
y la tranquilidad.**

**En la etapa final
No hay tranquilidad,
Ni silencio.
No hay nada allí:
Ni testigo,
No experiencia
Ni experimentador.**

**Ahora ya sabes
que eres la realidad,
la Realidad Última.**

**Préstale Atención
a la Realidad.**

NO LA DESCUIDES.

**LA FELICIDAD
ES
UN
VELO
SOBRE
TU PRESENCIA.**

**TODAS
LAS DUDAS
DEBEN ACLARARSE.**
Toma un largo tiempo
para que las Raíces del
Árbol Espiritual Crezcan.

**PERO SÓLO HACEN
FALTA UNOS POCOS
MINUTOS PARA
TALARLO.**

He plantado

El Árbol del Néctar de
La Realidad en ti.

Ahora debes
Cuidar de él.

Llegarás a conocer
lo desconocido.

Pero si no lo riegas
y abonas...
Morirá.

**Ya hay una estatua
de la Deidad,
dentro de ti.**

**Sólo necesita
ser descubierta.**

**El Maestro Trabaja
sobre la Escultura,
Martilleando,
Esculpiendo, eliminando
las partes no deseadas,
Hasta que finalmente la
Deidad Se Revela
en todo su Esplendor.**

Eres como el cielo.

En el cielo
no existe el "Yo".

Abandona tu apego al cuerpo.

**DISUELVE
CUALQUIER MIEDO.**

Utiliza el VALOR que
surge del SABER
que eres NO-NACIDO.

**ABANDONA
los Conceptos
Ilusorios.**

RINDETE

Al ser

del

**SER
SIN SER.**

No hay mundo,

ni las palabras

Para el Realizado.

**ESTÁS
COMPLETAMENTE
ABSORBIDO
EN TI MISMO.**

Absorbe el conocimiento, y disfrútalo.

No hay necesidad de caras largas ni serias.

El conocimiento que estoy compartiendo contigo es alegre.

ERES LIBRE.

¡Por lo Tanto, Sé Feliz!

**Eres UNO con
el Ser sin ser.
Te has fusionado con
el Ser sin ser.
Uno con
El Ser sin ser.**

**AHORA YA LO SABES:
Mi Presencia es
como el cielo,
Y está en cada ser.**

**SIN SEPARACIÓN
ALGUNA.**

DE AQUELLO
De lo que
no se puede hablar
es una
**SEÑAL DE LA
REALIDAD.**

VE más
Y más profundo

**Dentro de tu
Ser sin ser.**

**La puerta se abrirá
de Par en Par.**

**Ábrela,
Ábrela, y Ábrela
más**

**Hasta Que Veas
A Tu
Ser sin ser**

A PLENA LUZ.

**Allí VERÁS
EL PRINCIPIO,**

**el silencioso,
El Oyente silencioso**

Invisible.

**Más allá de eso -
NADA.**

**Quieres quedarte en
el mundo ilusorio.**

**Pero
al mismo tiempo
quieres conocer
la Realidad.**

¡IMPOSIBLE!

**La Realidad Definitiva
No Surgirá
hasta que todo
el conocimiento basado
en el cuerpo
se haya disuelto.**

**Cuando ya no precises,
de la Felicidad**

**HABRÁS LLEGADO
AL DESTINO.**

**La Cueva de
Conocimiento está
Abierta para ti
Ahora.**

**Toma todos
Los Tesoros
Que quieras.**

Como eras antes de ser
**ESO ES LA
AUTO-REALIZACIÓN.**
Más allá de las
palabras y los mundos.
Se denomina Presencia,
Espíritu, Dios, Brahman,
Atman, la Realidad
Definitiva, La Verdad
Absoluta y Final.

Pero **NO PUEDES**
describirte con
**PALABRAS.
NO TIENES NOMBRE.**

ERES EL MAESTRO.

Decide cuánta atención
le darás a tus
pensamientos.

Si le prestas atención a
los pensamientos
que no deseas
experimentarás dolor.

Si los ignoras,
No habrá dolor.

**Mira hacia tu interior
y permanece
en el
Ser sin ser.**

¡Mírate!

**Tratas de observar
"Él Que Ve",
A medida que Tratas
de observar
"Él Que Ve",**

**"ÉL QUE VE"
DESAPARECERÁ.**

**Disfruta del secreto
de tu vida.**

**¿Qué quieres?
Nada.**

**¿Que necesitas?
Nada.**

Porque ya sabes que

TODO ESTÁ EN TI.

**No caigas en la trampa
de las
atracciones del mundo
que están
por todas partes.**

**Recuerda que tu has
creado esas ilusiones.**

MAYA ES TU BEBÉ.

En la última etapa
La Presencia
lo disuelve todo.

No serás
CONSCIENTE

Cuando

LA PRESENCIA

se convierta
en

OMNIPRESENCIA.

**Obsesiónate con un
Solo Deseo:**

**El fuego que arde sin
cesar dentro de ti**

**Un INTENSO ANHELO
De ir más
y más profundo.**

¡ADELANTE!

**Acércate
más y más al
Ser sin ser.**

El conocimiento espiritual es también

LA GRAN ILUSIÓN.

Solo existe para Erradicar

La Primera Ilusión.

**UNA VEZ
QUE SABES**

**Que no eres el cuerpo
Ni la mente
Ni un individuo,**

**TENDRÁS
EL CONVENCIMIENTO.**

Después de esta
CONVICCIÓN
ESPONTANEA,

Ya no necesitarás el
conocimiento.
EL
Conocimiento
es también
una ilusión.

**ERES
EL ADORADO,
El ADORADOR
Y
LA ADORACIÓN.**

**Ahora
La Realidad Espiritual
Fluye.**

**Sigue Masticando el
Chocolate de
la Presencia.**

**Cuando te encuentras
con el Maestro,
te encuentras
a ti mismo.**

**El Espíritu Ve
en el Maestro
su Propio Reflejo.**

**Se RECONOCE,
RESPONDE,
y
Comienza a
Bailar
de Nuevo.**

Después del Convencimiento Espontáneo, habrá una PAZ INCONMENSURABLE

y

UNA FELICIDAD EXCEPCIONAL SIN NINGUNA CAUSA MATERIAL.

**PERMANECE EN SILENCIO
Y
SÉ FELIZ
En el FLUJO
de
LA PAZ
Y
LA SATISFACCIÓN INTERIOR.**

**La Felicidad Espontánea
es la Fragancia del
Ser sin ser.**

**Esto Significa que el
Conocimiento,
TU
CONOCIMIENTO**

**ESTÁ SIENDO
ABSORBIDO.**

ABRAZA
Al Ser sin ser
y
Ve Más
PROFUNDO
Más
PROFUNDO
Más
PROFUNDO.

ESTAR CONTIGO
SIEMPRE.

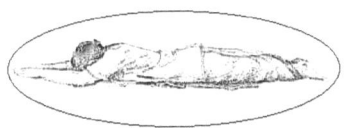

Tambien Del Maestro:

EL SER SIN SER

Conversaciónes Con

Shri Ramakant Maharaj

Edito por: Ann Shaw

Disponible de AMAZON e Grandes Líbrerias.

ISBN: 978-0992875671

admin@selfless-self.com

Enseñanzas Esenciales 520 pp

PUBLICADO POR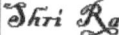
SELFLESS SELF PRESS

www.ingramcontent.com/pod-product-compliance
Lightning Source LLC
Chambersburg PA
CBHW021123300426
44113CB00006B/272